Aldidente

Friends & Family

Anne Enderlein und Cornelie Kister

Friends & Family

Kochen
für viele Gäste

Aldidente

Eichborn

1 2 3 4 07 06

Umschlaggestaltung: Christiane Hahn und Christina Hucke
Lektorat: Oliver Thomas Domzalski
Redaktion: Christiane Dörsam
Reihenlayout: Cosima Schneider
Illustrationen: Irma Schick
Gesamtherstellung: Fuldaer Verlagsanstalt, Fulda

ISBN 3-8218-6000-6

Verlagsverzeichnis schickt gern:
Eichborn Verlag, Kaiserstraße 66, 60329 Frankfurt am Main
www.eichborn.de

Inhaltsverzeichnis

Vorwort

Sind Sie auch immer voller Bewunderung, wenn die Gastgeber eines großen Fests Ihnen mit gelassener Miene und in bester Laune die Tür öffnen und Sie an einen festlich gedeckten Tisch bitten? Das köstliche Gericht wird pünktlich serviert, die Nudeln sind al dente, das zartrosa Fleisch zergeht auf der Zunge, und es gibt weder zuviel noch zuwenig. Und staunen Sie, wenn eine Großfamilie sich an einer köstlichen Pizza satt futtern kann? Oder wenn eine Taufgesellschaft ausgekühlt aus der Kirche kommt und eine delikate, wärmende Suppe auf sie wartet?

Sie werden merken: Es ist gar nicht so schwer, wie Sie denken, ein Mahl für eine größere Gesellschaft – sei es für die Familie oder für Freunde – zuzubereiten und mit den ungewohnten Zutatenmengen zurechtzukommen. Denn es gibt viele Gerichte, die sich für eine große Tafel eignen und einfach zuzubereiten sind. Und auch ein Buffet ist keineswegs Zauberei.

Wichtig ist natürlich eine sorgfältige Planung. Was will man kochen? Welche Zutaten müssen für das Gericht besorgt werden? Sind Kinder mit von der Partie? Ist der Backofen nicht doppelt und dreifach verplant? Was kann man eventuell 1–2 Tage vorher machen oder vorbereiten?

Besonders die Familie liebt die Abwechslung auf dem Essenstisch, und Freunde schätzen kulinarische Raffinesse. Dass beides mit wenig Aufwand und auch ohne Meisterbrief eines Profikochs zu bewältigen ist, zeigen wir mit unseren schlichten, aber raffinierten Rezepten, die nicht nur gut schmecken, sondern auch größtenteils in gut einer Stunde zuzubereiten sind. Die unterschiedlichen Vorspeisen, ob Suppe oder Salat, lassen sich wunderbar mit einem der zahlreichen Hauptgerichte kombinieren. Und die süße Krönung ergibt sich je nach Lust und Aufwand dann ganz von selbst.

Besonders wichtig für das Gelingen der Gerichte und die geschmackliche Vielfalt sind frische Kräuter und Gewürze, die nicht immer im Sortiment der Discounter zu finden sind. Daher sollte eine reiche Auswahl an Gewürzen auf Vorrat gekauft werden, und die Kräuter holt man sich am besten frisch auf dem Markt oder im Gemüseladen. In den Rezepten sind die (wenigen) Zutaten, die es nicht regelmäßig bei den Discountern gibt, *kursiv* gesetzt.

Alle Rezepte sind für 12 Personen berechnet.

Wir wünschen Freude beim Kochen und gutes Gelingen!

Suppen, Salate, Kalte Küche

Zucchinisuppe mit frischem Kerbel

→ vegetarisch

12 mittelgroße Zucchini
2,5 l Instant-Gemüsebrühe
2 Becher Schmand oder Crème fraîche
12 EL grob gehackter Kerbel, ersatzweise Petersilie
Salz, frisch gemahlener schwarzer Pfeffer

Zubereitungszeit: ca. 30 min.

Die Zucchini gut waschen – wenn die Früchte ausgereifter sind, schälen – und in Würfel schneiden.

Die Brühe anrühren und die Zucchiniwürfel etwa 10-15 Minuten darin dünsten.

Die Zucchini pürieren und mit Salz und Pfeffer abschmecken.

Jede Portion mit frisch gehacktem Kerbel oder auch anderen frischen Kräutern, z.B. Petersilie, und einem Klecks Schmand garnieren.

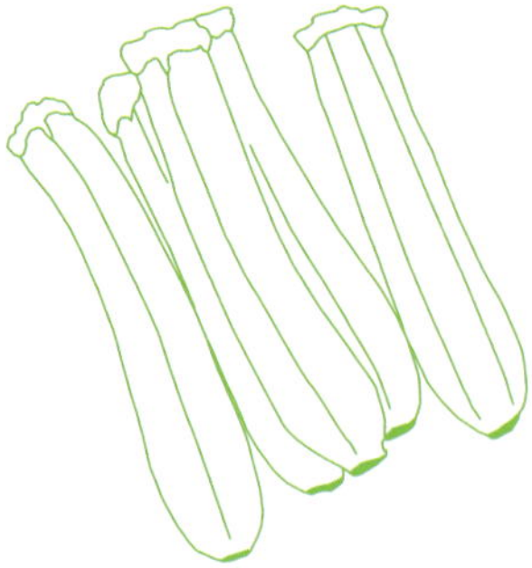

Grüne-Bohnen-Suppe

2,5 kg grüne Bohnen
18 Kartoffeln
4 Zwiebeln
4 Knoblauchzehen
4 Löffel Sonnenblumenöl
3 l Instant-Fleischbrühe
4 EL getrocknetes, gerebeltes (oder 2 Bund frisches) Bohnenkraut
12 Cabanossi-Würstchen
Salz, frisch gemahlener schwarzer Pfeffer

Zubereitungszeit: ca. 1,5 Std.

Die Bohnen putzen und einmal brechen. Die Kartoffeln schälen und in kleine, mundgerechte Würfel schneiden. Die Zwiebeln und Knoblauchzehen abziehen und ebenfalls in kleine Würfel schneiden.

Das Öl erhitzen, Zwiebeln und Knoblauchwürfel darin dünsten und anschließend die angerührte Brühe dazugeben und zum Kochen bringen. Bohnen und Kartoffeln darin garen. Getrocknetes und gerebeltes Bohnenkraut hineingeben. (Wenn frisches Bohnenkraut vewendet wird: zum Sträußchen gebunden hineinlegen und kurz vor dem Servieren herausnehmen). Nach Geschmack mit Salz und Pfeffer würzen.

Während des Garvorgangs werden die Cabanossiwürstchen in kleine Stücke geschnitten und kurz vor dem Servieren in der Bohnensuppe erwärmt.

Tipp:
Eine frische Brühe aus Suppenfleisch, Suppengrün, Zwiebeln, Lorbeeren und Piment schmeckt natürlich noch besser.

Lauchcremesuppe

→ vegetarisch

3 l Instant-Gemüsebrühe
1,5 kg Kartoffeln
6 Stangen Lauch
3 Zwiebeln
3 EL Butter
frisch geriebene Muskatnuss
6 EL gehackter Dill
Salz, frisch gemahlener schwarzer Pfeffer

Zubereitungszeit: ca. 1 Std.

Die Brühe zubereiten.

Die Kartoffeln schälen und in kleine Würfel schneiden.

Den Lauch putzen und in dünne Ringe schneiden.

Die Zwiebeln abziehen und in kleine Würfel schneiden. Die Butter in einem Topf zerlassen und die Zwiebelwürfel darin glasig dünsten. Lauch und Kartoffeln dazugeben und die angerührte Brühe dazugießen. Die Suppe mit Salz, Pfeffer und Muskatnuss würzen und etwa 20 Minuten köcheln lassen. Anschließend mit dem Schneidstab pürieren.

Kurz vor dem Servieren den Dill unterrühren.

Tomatensuppe mit Paprika und Sauerkraut

6 rote Paprikaschoten
3 Zwiebeln
6 EL Sonnenblumenöl
15 Tomaten
3 TL Paprika rosenscharf
9 TL Instant-Gemüsebrühe
600 g Sauerkraut
12 EL Schlagsahne
6 EL Schnittlauchröllchen

vegetarisch ←

Zubereitungszeit: ca. 1 Std.

Die Paprikaschoten waschen, entkernen und in feine Streifen schneiden, die Zwiebeln abziehen und in feine Ringe schneiden. Das Öl in einem Topf erhitzen und Paprika- und Zwiebelwürfel darin andünsten.

Die Stielansätze der Tomaten herausschneiden, vierteln, pürieren und durch ein Sieb in den Topf passieren. Unter Rühren mit Paprika- und Gemüsebrühepulver abschmecken.

Das Sauerkraut unter die Suppe heben und zugedeckt bei geringer Hitze etwa 10 Minuten köcheln lassen. Bei Bedarf Wasser dazugeben.

Die Sahne in die Suppe einrühren, anschließend auf Tellern verteilen und mit den Schnittlauchröllchen garnieren.

Fleischbrühe mit Tortellini

→ vegetarisch

3 l Fleischbrühe
1,5 kg frische oder getrocknete Tortellini
200 g frisch geriebener Parmesan
frisch gemahlener weißer Pfeffer

Zubereitungszeit:
Bei frischen Tortellini ca. 10 Minuten, wobei die Tortellini in der heißen Brühe lediglich 3–4 Minuten garen sollten.
Getrocknete Tortellini benötigen 15–20 Minuten Garzeit.

Die Brühe nach Anleitung zum Kochen bringen. Die Tortellini hineingeben und darin garen. Mit Pfeffer abschmecken und den geriebenen Käse zur Suppe reichen.

Möhren-Orangen-Suppe

vegetarisch ←

1,5 kg Möhren
1 große Zwiebel
Saft von 2 Orangen
40 g Butter
2 l Gemüsebrühe
250 ml Schlagsahne
2 EL Curry
Salz, frisch gemahlener schwarzer Pfeffer
Evtl. Grissini-Stangen als Beilage

Zubereitungszeit: 25–30 min.

Die Möhren putzen und kleinschneiden. Die Zwiebel abziehen und würfeln. Die Orangen auspressen. Die Butter in einem Topf erhitzen und die Zwiebelwürfel darin andünsten. Die Möhren dazugeben und ebenfalls andünsten. Die Brühe angießen und 20 Minuten köcheln lassen. Die Möhren mit dem Schneidstab pürieren. Den Orangensaft und die Sahne hinzugeben und die Suppe mit Salz, Pfeffer und Curry abschmecken.

Tipp:

Als Beilage Grissini-Stangen servieren.

Gazpacho

→ vegetarisch

- 400 g Weißbrot ohne Rinde
- 1–2 Zwiebeln
- 6 Knoblauchzehen
- 9 EL Olivenöl
- 900 g rote Paprikaschoten
- 1,8 kg Tomaten
- 750 g Salatgurken
- 1,5 l Gemüsebrühe
- 1 Topf Basilikum
- Salz, frisch gemahlener schwarzer Pfeffer

Zubereitungszeit:
Vorbereitung: ca. 20 min.
Kühlen: 1 Std.

Das Brot würfeln und ca. ein Drittel der Menge in Wasser einweichen und ausdrücken. Zwiebeln und 5 Knoblauchzehen abziehen, fein würfeln und mit dem eingeweichten Brot mischen. 6 EL Olivenöl zugießen und mit dem Schneidstab die Masse pürieren.

Paprikaschoten und Tomaten putzen und in feine Würfel schneiden. Die Gurken waschen, schälen und ebenfalls in kleine Würfel schneiden.

Das Gemüse zur Brotmischung geben und die Masse erneut mit dem Schneidstab pürieren. Gemüsebrühe zubereiten und erkalten lassen. Das Gazpacho mit Salz und Pfeffer abschmecken und 1 Stunde kaltstellen. Anschließend die kalte Gemüsebrühe unterrühren.

In der Zwischenzeit die Knoblauchzehe abziehen und hacken. Das restliche Olivenöl erhitzen und die übrigen Brotwürfel und den Knoblauch darin goldgelb rösten. Das Basilikum von den Stielen zupfen und mit den Brotwürfeln zur kalten Suppe servieren.

Tomaten-Nudelsuppe

vegetarisch ←

1–2 Zwiebeln
2 Knoblauchzehen
4 EL Olivenöl
ca. 2 kg geschälte Tomaten (3 gr. Dosen)
2 EL Instant-Gemüsebrühe
250 g Suppennudeln
1 Topf Basilikum
Salz, Pfeffer und Zucker

Zubereitungszeit: 25–30 min.

Zwiebeln und Knoblauchzehen abziehen und fein würfeln. Das Olivenöl in einem großen Topf erhitzen und die Zwiebel- und Knoblauchwürfel darin andünsten. Die Dosentomaten (inkl. Saft) hinzugeben, dabei die Tomatenfrüchte ein wenig zerdrücken. Die Brühe anrühren und untermischen und die Suppe etwa 5 Minuten erhitzen. Mit dem Schneidstab die Tomaten pürieren.

Die Nudeln hinzugeben und bei mäßiger Hitze in der Suppe gar kochen.

Mit je einer Prise Zucker, Salz und Pfeffer abschmecken.

Das Basilikum von den Stielen zupfen, etwa ein Drittel der Blätter grob hacken und in der Suppe verrühren. Die restlichen Blätter mit der Tomaten-Nudelsuppe servieren.

Apfel-Schafskäse-Salat mit Walnüssen

→ vegetarisch

10 Äpfel
1 kg Schafskäse (4 Pckg.)
200 g Walnusskerne
8 EL Olivenöl
frisch gemahlener schwarzer Pfeffer

Zubereitungszeit: 30 min.

Die Äpfel schälen, vierteln, das Kerngehäuse herausschneiden, in schmale Schnitze und dann in mundgerechte Würfel schneiden.

Den Schafskäse in kleine Würfel schneiden oder über die Äpfel bröckeln. Die Walnusskerne grob hacken und über den Äpfeln verteilen. Das Öl gleichmäßig über Äpfel, Käse und Walnüsse geben, schwarzen Pfeffer darübermahlen und alles vorsichtig vermengen, ohne den Schafskäse dabei zu zerdrücken.

Tipp:
Dazu warmes Ciabatta oder Baguettebrot reichen.

Apfel-Matjes-Salat

12 Matjesfilets
12 hartgekochte Eier
9 Gewürzgurken
12 kleine säuerliche Äpfel
6 EL Zitronensaft
150 g Salatmayonnaise
150 g Naturjoghurt
Gurkensud
Salz, frisch gemahlener schwarzer Pfeffer
Dillzweige zum Garnieren

Zubereitungszeit: ca. 30 min.

Die Matjesfilets 10 Minuten wässern, um das Salz zu entfernen. Parallel dazu die Eier etwa 10 Minuten lang kochen.

Die Matjesfilets in 2 cm dicke Stücke schneiden.

Die Eier und die Gurken würfeln.

Die Äpfel waschen, schälen, vierteln, entkernen, in kleine Würfel schneiden und mit dem Zitronensaft beträufeln.

Alle kleingeschnittenen Zutaten vorsichtig vermengen.

Mayonnaise und Joghurt verrühren und nach und nach etwas Gurkensud angießen. Die Sauce mit Salz und Pfeffer abschmecken und vorsichtig unter den Salat ziehen.

Den Apfel-Matjes-Salat mit kleinen Dillzweigen garnieren.

Feldsalat mit Gorgonzola und Walnüssen

→ vegetarisch

Für den Salat
je nach Bedarf ca. 3 Schalen Feldsalat
500 g Gorgonzola
200 g Walnusskerne

Für die Vinaigrette
15–18 EL Olivenöl
1 EL Honig
6–10 EL Balsamicoessig (je nach Säureintensität)
Salz, frisch gemahlener schwarzer Pfeffer

Zubereitungszeit: ca. 30 min.

Den Feldsalat waschen und putzen.

Den Gorgonzola in kleine Stücke schneiden.

Die Walnusskerne grob hacken.

Für die Vinaigrette Honig und Gewürze verrühren, dann den Balsamicoessig Löffel für Löffel hinzugeben und immer wieder abschmecken.

Feldsalat, Gorgonzola und Nüsse mit der Vinaigrette vermengen.

Tipp:
Reichen Sie dazu ein kross aufgebackenes Knoblauch- oder Kräuterbaguette.

Kartoffelsalat

vegetarisch ←

24 festkochende Kartoffeln
12 hartgekochte Eier
24 Cornichons oder 12 größere saure Gurken
6 mittelgroße Äpfel
3 Eigelb
Gurkensud
Kräuter- oder Weißweinessig
heißes Wasser
2 Becher Crème fraîche
4 EL Senf
1 Prise Zucker
Salz, frisch gemahlener schwarzer Pfeffer

Zubereitungszeit:
Vorbereitung: ca. 1,5 Std.,
1–2 Std. ziehen lassen.

Die am Vortag gekochten Kartoffeln pellen, in Scheiben schneiden und in eine große Schüssel geben.

Die Eier etwa 10 Minuten lang kochen, kalt abschrecken, pellen und längs vierteln. Auf einem Teller beiseitestellen.

Die Cornichons (bzw. die sauren Gurken) in kleine Würfel schneiden.

Die Äpfel schälen, das Kerngehäuse herausschneiden und erst in schmale Schnitze, dann in kleine Würfel schneiden.

Eigelb, reichlich Gurkensud, Essig, nach Bedarf heißes Wasser, Crème fraîche, Senf und Gewürze zu einer Sauce verquirlen und über die Kartoffeln gießen. Gurken und Äpfel dazugeben und den Salat vorsichtig vermengen. Zum Schluss die geviertelten Eier hineingeben und sehr vorsichtig unterheben.

Der Salat sollte mindestens 1–2 Stunden ziehen und nochmals mit Gurkensud, Salz und Pfeffer abgeschmeckt werden.

Tipp:
Zu diesem Salat werden traditionsgemäß Würstchen gereicht.

Gemüsestifte mit Aioli

→ vegetarisch

je 500 g Möhren, Zucchini, Paprikaschoten und Staudensellerie
1 EL Paniermehl
1 EL Essig
6 Knoblauchzehen
3 Eigelb
150 ml Olivenöl
1 EL Zitronensaft
Salz, frisch gemahlener schwarzer Pfeffer

Zubereitungszeit: ca. 20 min.

Das Gemüse putzen, waschen und in Stifte schneiden.

Das Paniermehl in Essig etwa 5 Minuten einweichen. Die Knoblauchzehen abziehen und durch eine Presse in die Paniermehlmasse drücken. Die Eigelb hinzugeben und alles mit dem Handrührgerät vermengen. Das Olivenöl tröpfchenweise mit dem Rührgerät unterschlagen, bis eine dickliche Mayonnaise entstanden ist. Mit etwa 1 EL Zitronensaft, Salz und Pfeffer abschmecken und das Aioli zu den Gemüsestiften reichen.

Chicoréesalat mit Mandarinen und Gorgonzola

vegetarisch ←

9 mittelgroße Chicorée
9 Mandarinen, ersatzweise Mandarinen aus der Dose
300 g Gorgonzola
3 EL Essig
3 EL Senf
9 EL Olivenöl
Salz, frisch gemahlener weißer Pfeffer

Zubereitungszeit: ca. 20 min.

Den Chicorée putzen, waschen, längs halbieren und großzügig den Strunk herausschneiden. Die einzelnen Blätter ablösen und in eine große Salatschüssel geben.

Die Mandarinen schälen und sorgfältig die weißen Fasern entfernen (Dosenmandarinen abtropfen lassen).

Den Gorgonzola in grobe Stücke schneiden.

Den Essig gut mit dem Senf verrühren, das Olivenöl unterziehen und mit Salz und Pfeffer abschmecken. Die Vinaigrette über den Chicorée geben und vermischen. Mandarinen und Gorgonzola dazugeben, vorsichtig unterheben und servieren.

Blattsalate mit Orangendressing

→ vegetarisch

1/2 Kopfsalat
2 Schalen Feldsalat
1/2 Endiviensalat
3 Pckg. Mozzarella
2 Orangen
1–2 EL Honig
10 EL Olivenöl
Salz, frisch gemahlener schwarzer Pfeffer

Zubereitungszeit: 15–20 min.

Die Salate putzen, waschen, in mundgerechte Stücke zupfen und in eine große Schüssel füllen.

Den Mozzarella abtropfen lassen, in Würfel schneiden und mit den Blattsalaten vermischen.

Die Orangen auspressen und den Saft mit dem Honig verrühren. Das Olivenöl nach und nach unterschlagen und mit Salz und Pfeffer abschmecken. Die Vinaigrette unter den Salat ziehen.

Tipp:
Mit gerösteten Weißbrotwürfeln garnieren.

Gebratene Fleischklößchen

3 kleine Brötchen (60 g)
150 ml warme Milch
45 g weiche Butter
1 EL getrockneter Majoran
1,5 kg Hackfleisch
3 EL Mehl
100 ml Öl
60 ml Weißwein
Salz, frisch gemahlener schwarzer Pfeffer

Zubereitungszeit: 15–20 min.

Die Brötchenkruste dünn abreiben. Die Brötchen fein zerschneiden und in einer Schüssel mit der warmen Milch übergießen.

Butter, Salz, Pfeffer und Majoran zugeben und gut untermischen. Das Hackfleisch kneten und mit feuchten Händen kleine Klöße daraus formen und in Mehl wenden.

In einer großen Pfanne das Öl erhitzen. Die Klößchen darin langsam rundherum braun braten. Den Wein darüber träufeln und die Klößchen so lange weiter schmoren, bis der Wein eingekocht ist.

Zucchini in kalter Tomatensauce

→ vegetarisch

Zubereitungszeit:
Marinieren über Nacht,
Vorbereitungszeit ca. 1 Std.

2 kg mittelgroße Zucchini
1/2 l Tomatensaft
3/8 l Olivenöl
4 Knoblauchzehen
2 Töpfe Basilikum
Salz, frisch gemahlener schwarzer Pfeffer

Die Zucchini putzen, waschen und der Länge nach in 1/2 cm dicke Scheiben schneiden. Die Scheiben auf Küchenkrepp ausbreiten und dünn mit Salz bestreuen. Die Zucchinischeiben etwa 15 Minuten entwässern lassen.

In der Zwischenzeit Tomatensaft mit 1/4 l Öl verquirlen. Die Knoblauchzehen abziehen, in den Tomatensaft pressen, kräftig salzen und pfeffern.

Die Zucchinischeiben trockentupfen. Das Basilikum von den Stielen zupfen. Das restliche Öl in einer großen Pfanne erhitzen. Die Zucchinischeiben darin portionsweise von allen Seiten braun braten, danach wieder auf Küchenkrepp ausbreiten.

Die Zucchinischeiben mit dem Basilikum in eine Form mit Deckel schichten, mit dem Tomatensaft übergießen und zugedeckt über Nacht durchziehen lassen.

Barbecue-Chicken-Wings

ca. 1 kg Hähnchenflügel,
ersatzweise Hühnerschlegel in zwei Teile zerlegt
Öl
4 EL Speisestärke
6 EL trockener Sherry
2 EL Honig
Salz, frisch gemahlener schwarzer Pfeffer

Zubereitungszeit:
Vorbereitungszeit ca. 10 min.,
Backzeit 30–40 min.

Die Hähnchenflügel bzw. -schlegel waschen, trockentupfen und mit Salz und Pfeffer einreiben. Die Flügel auf ein geöltes Backblech legen.

Speisestärke, Sherry, 8 EL Wasser und Honig miteinander verrühren und die Hühnerflügel bzw. -schlegel mit der Marinade einpinseln. Das Fleisch im Ofen ca. 30-40 Minuten backen, dabei mehrmals mit der Glasur bepinseln.

Achtung!
Den Backofen auf 220 Grad vorheizen. Gas Stufe 4. Backen auf der 2. Leiste von unten.

Gekräuterte Mozzarellawürfel im Schinkenmantel

→ vegetarisch

600 g Mozzarella
1 Topf Basilikum
1 Paket italienischer Schinken
20 Kirsch- oder Cocktailtomaten
Pfeffer
Zahnstocher

Zubereitungszeit: 15–20 min.

Den Mozzarella abtropfen lassen und in mundgerechte Würfel schneiden.

Das Basilikum von den Stielen zupfen und feinhacken. Die Mozzarellawürfel in dem gehackten Basilikum wenden, etwas andrücken und pfeffern.

Je ein Drittel einer Schinkenscheibe um den Würfel wickeln und eine Kirsch- oder Cocktailtomate mit einem Zahnstocher daraufstecken.

Lachsburger

400 g Kirsch- oder Cocktailtomaten
2 rote Zwiebeln, ersatzweise 2 normale Küchenzwiebeln
2 Avocados
Saft von 1–2 Zitronen
3 EL Schmand
3 EL Mayonnaise
12 knusprige Brötchen
1 Salatkopf
500 g geräucherte Lachsscheiben
Salz, frisch gemahlener schwarzer Pfeffer

Zubereitungszeit: ca. 20 min.

Die Kirsch- oder Cocktailtomaten waschen und in Scheiben schneiden. Die Zwiebel abziehen und in hauchdünne Ringe schneiden. Die Avocados schälen, entkernen und halbieren. Zwei Hälften mit einem Teil des Zitronensafts, Schmand und Mayonnaise mit dem Schneidstab fein pürieren und mit Salz und Pfeffer würzen.

Die anderen beiden Avocadohälften in Spalten schneiden und mit dem restlichen Zitronensaft beträufeln.

Die Brötchen halbieren und mit der Avocadocreme bestreichen. Die Brötchenhälften mit einem Salatblatt, Tomatenscheiben, Zwiebelringen und je einer Scheibe Lachs belegen. Die Lachsburger zusammenklappen und servieren.

Lachs-Frischkäse-Aufstrich

400 g Frischkäse
180 g Magerquark
20 g *Sahnemeerrettich*
120 g Schlagsahne
Saft von 1 Zitrone
400 g Räucherlachs
Salz und frisch gemahlener weißer Pfeffer

Zubereitungszeit: ca. 1 Std.

Frischkäse, Magerquark, Sahnemeerrettich und Sahne verrühren und mit Salz, Pfeffer und Zitronensaft abschmecken.

Den Räucherlachs feinhacken und unter den Frischkäse heben.

Pizza, Pasta & Reis

Pizza in verschiedenen Variationen

Zubereitungszeit:
Vorbereitung 25 min.,
Zeit zum Gehen ca. 30 min.

Für den *Hefeteig* (ersatzweise Pizzateig aus dem Kühlregal)
600 g Mehl
50 g Hefe
1/2 gestrichener TL Salz
1 Prise Zucker
1/8 l Öl

Das Mehl in eine große Schüssel geben und eine Mulde eindrücken. Die Hefe in die Mulde krümeln. 5/8 l=625 ml Wasser leicht erwärmen und über die Hefe gießen. Salz und Zucker auf den Mehlrand streuen. Die Hefe von der Mitte aus mit Mehl und Wasser mischen. Nach und nach das Öl zugießen und alles zu einem glatten Teig verkneten. Den Teig mit ein wenig Mehl bestäuben und zugedeckt gehen lassen, bis sich sein Volumen verdoppelt hat. Den gegangenen Teig noch einmal kräftig durchkneten und in 2 Portionen teilen. Jede Portion zu einer Kugel formen.
Für die nachfolgenden Rezepte reicht eine Portion für ein Backblech. Wenn zwei gebacken werden sollen, verwenden Sie beide Portionen, ansonsten kann eine in Folie gewickelt im Kühlschrank aufbewahrt werden. In dem Fall müsste die zweite Portion vor dem Backen auf dem Blech einige Zeit zugedeckt gehen.

Wichtig!
Die Teigmenge reicht für 2 große Backbleche oder für ca. 4 Tarteformen mit 28 cm Ø.

Für die Tomatensauce
400 g geschälte Tomaten (1 Dose, abgetropft)
1 EL Tomatenmark
1 TL *Oregano*
Salz, frisch gemahlener schwarzer Pfeffer

Die Tomaten über einem großen Sieb oder Durchschlag abtropfen lassen, anschließend pürieren, das Tomatenmark hinzugeben und mit den Gewürzen abschmecken.

Champignonpizza

(für 1 Backblech)

500 g Champignons
1,5 kg Porree
50 g Butter
600 g mittelalten Gouda
1 Portion des Hefeteigs (s. S. 32), ersatzweise Pizzateig aus dem Kühlregal
etwas Mehl und Fett
1/2 l Tomatensauce (s. S. 32)
2 TL *Oregano*
4 EL Olivenöl
Salz, frisch gemahlener schwarzer Pfeffer

Zubereitungszeit: 60–75 min.

Die Champignons putzen und in Scheiben schneiden. Den Porree putzen, in Ringe schneiden, waschen und gut abtropfen lassen. Die Butter in einem Topf erhitzen und die Champignonscheiben unter Wenden 5–6 Minuten braten. Die Porreeringe untermischen, weitere 5 Minuten braten und mit Salz und Pfeffer abschmecken. Das Gemüse abkühlen lassen.

Den Käse in 1 cm große Würfel schneiden.

Den Pizzateig auf einer bemehlten Arbeitsfläche ausrollen, auf ein gefettetes Backblech legen, mehrmals einstechen. Erst die Tomatensauce darauf streichen und anschließend den Boden mit dem Gemüse belegen. Mit Käse und Oregano bestreuen und mit dem Olivenöl beträufeln. Im Ofen 25–30 Minuten backen.

Achtung!
Backofen auf 225 Grad vorheizen. Gas Stufe 4. Backen auf der 2. Leiste von unten.

Pizza Salami

(für 1 Backblech)

200 g schwarze Oliven
600 g Mozzarella
1 Portion des Hefeteigs (s. S. 32), ersatzweise Pizzateig aus dem Kühlregal
etwas Mehl und Fett
1/2 l Tomatensauce (s. S. 32)
250 g Salami in Scheiben
2 TL *Oregano*

Zubereitungszeit: ca. 1 Std.

Die Oliven halbieren, eventuell entsteinen. Den Mozzarella abtropfen lassen und klein würfeln.

Den Teig auf der bemehlten Arbeitsfläche ausrollen, auf das gefettete Backblech legen und mehrmals mit der Gabel einstechen. Die Tomatensauce auf dem Teig gleichmäßig verteilen. Salamischeiben, Mozzarellawürfel und Olivenscheiben darauf verteilen und Oregano darüber streuen. Die Pizza nochmals 8–10 Minuten gehen lassen und im Ofen 25–30 Minuten backen.

Achtung!
Backofen auf 225 Grad vorheizen. Gas Stufe 4. Backen auf der 2. Leiste von unten.

Variationen:
Pizza mit gekochtem Schinken und Ananasstücken; Gemüsepizza mit Mais und Paprika; Thunfischpizza

Blätterteig-Pizza mit Oliven und Schinken

(für 1 Backblech)

6 EL Olivenöl
1–2 Pakete Blätterteig gerollt (im Kühlregal), je nach Backblechgröße
Dijonsenf, ersatzweise anderen Senf, zum Bestreichen des Teigs
150 g geräucherter Schinken in Scheiben
6–8 Tomaten
2 TL *Oregano*
200 g entsteinte schwarze Oliven
200 g würziger Käse in Scheiben
Salz, frisch gemahlener schwarzer Pfeffer

Zubereitungszeit: ca. 1 Std.

Ein Backblech mit 3 EL Olivenöl fetten. Den Teig ausrollen und auf dem Blech etwas andrücken. Den Teigboden mit Senf bestreichen.

Die Schinkenscheiben auf dem Teig auslegen.

Die Tomaten waschen, halbieren, den Stielansatz herausschneiden und die Hälften in Scheiben schneiden. Die Tomatenscheiben gleichmäßig auf den Schinkenscheiben verteilen und mit Salz, Pfeffer und Oregano bestreuen.

Die schwarzen Oliven, sofern sie nicht vorgeschnitten sind, in Scheiben schneiden und über die Tomaten verteilen.

Die Käsescheiben obenauf schichten und mit dem restlichen Olivenöl übergießen.

Die Pizza in den vorgeheizten Backofen schieben und ca. 40 Minuten goldbraun backen lassen.

Achtung!
Backofen auf 200 Grad vorheizen. Gas Stufe 3–4. Backen auf der 2. Leiste von unten.

Überbackenes Schinken-Mozzarella-Brot

12 Scheiben Baguette
6 EL trockener Weißwein
750 g Mozzarella (Abtropfgewicht; = 3 Pckg.)
12 Scheiben italienischer Schinken
3 EL Olivenöl

Zubereitungszeit: ca. 20 min.

Die Baguettescheiben nebeneinander auf den Boden einer großen Auflaufform legen, mit dem Weißwein beträufeln und im Ofen ca. 5 Minuten backen. Den Mozzarella in Scheiben schneiden. Schinken und Mozzarellascheiben auf die Brote legen und mit dem Öl beträufeln. Die Form wieder in den Ofen schieben und weitere 10 Minuten backen.

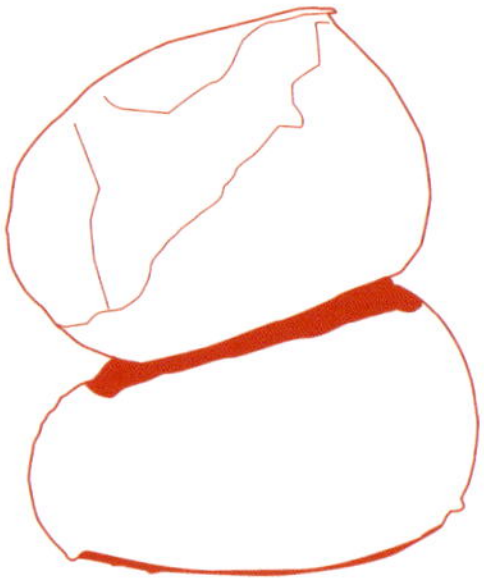

Achtung!
Backofen auf 225 Grad vorheizen. Gas Stufe 4. Backen auf der 2. Leiste von unten.

Paprikaquiche

vegetarisch ←

4 Paprikaschoten
1–2 Zwiebeln
2 Knoblauchzehen
4 EL Sonnenblumenöl
1 Portion des Hefeteigs (s. S. 32), ersatzweise Pizzateig aus dem Kühlregal
etwas Mehl
40 g Fett zum Fetten des Backblechs
6 Eier
400 g Schmand
3 EL gehackte Petersilie
Salz, frisch gemahlener schwarzer Pfeffer

Zubereitungszeit: ca. 1 Std. bei vorbereitetem Pizzateig

Die Paprikaschoten waschen, putzen und in Würfel schneiden. Die Zwiebeln und Knoblauchzehen abziehen und fein würfeln. Das Öl in einer Pfanne erhitzen und Zwiebel- und Knoblauchwürfel darin dünsten. Mit Salz und Pfeffer würzen.

Den Pizzateig auf einer bemehlten Arbeitsfläche ausrollen, auf dem gefetteten Backblech auslegen und mit einer Gabel einstechen. Die gedünsteten Zwiebel- und Knoblauchwürfel auf dem Teig verteilen.

Eier und Schmand miteinander verrühren und die Paprikawürfel unterheben. Mit Salz und Pfeffer abschmecken und die Masse auf dem Teig ausstreichen. Die Quiche im Ofen 25–30 Minuten backen und anschließend mit der gehackten Petersilie bestreuen.

Achtung!
Backofen auf 200 Grad vorheizen. Gas Stufe 3–4. Backen auf der 2. Leiste von unten.

Spaghetti mit Garnelen und Tomaten

1–1,5 kg Spaghetti
3 EL Olivenöl
3 Knoblauchzehen
3 rote Chilischoten
3 EL gehackte Petersilie
1,2 kg Riesengarnelen (TK)
200 ml trockener Weißwein
1,5 kg geschälte Tomaten (2 gr. Dosen)
Salz, frisch gemahlener schwarzer Pfeffer

Zubereitungszeit: ca. 30 min.

Die Spaghetti in reichlich Salzwasser kochen.

Währenddessen das Öl in einem großen Topf erhitzen. Den Knoblauch abziehen und fein würfeln. Die Chilischoten und die Petersilienblättchen hacken. Knoblauchwürfel, Chilischoten und Petersilie kurz in heißem Öl anbraten. Die Garnelen hinzufügen und alles 1 Minute unter Rühren braten. Mit dem Weißwein ablöschen.

Die geschälten Tomaten noch in der Dose mit einem langen Messer kleinschneiden, den Doseninhalt durch ein Sieb über die Garnelen passieren, mit Salz und Pfeffer abschmecken und weitere 5 Minuten köcheln lassen.

Die abgetropften und im Nudeltopf (ohne Unterhitze) warmgehaltenen Spaghetti unter die Garnelen-Tomaten-Sauce heben.

Achtung!
Die Riesengarnelen rechtzeitig auftauen lassen.

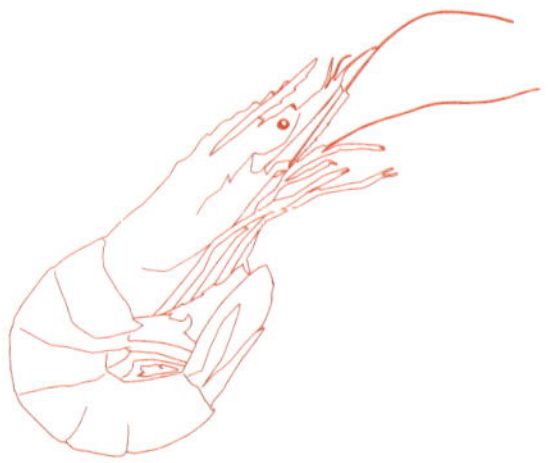

Bandnudeln mit Schinken und Petersilie

4 Bund glatte Petersilie
6 Knoblauchzehen
600 g Saftschinken
1,2 kg Bandnudeln
100 ml Olivenöl
Salz, frisch gemahlener schwarzer Pfeffer

Zubereitungszeit: ca. 25 min.

Die Petersilie waschen, gut abtropfen lassen und hacken. Die Knoblauchzehen abziehen und in Scheiben schneiden. Den Schinken in Streifen schneiden.

Die Nudeln in Salzwasser und 1 EL Öl bissfest kochen.

Währenddessen das restliche Öl in einer großen Pfanne erhitzen und den Knoblauch darin hellbraun braten, herausnehmen und beiseite stellen. Den Schinken im Öl anbraten, die Petersilie hinzugeben und kurz durchschwenken. Mit Pfeffer abschmecken und den Knoblauch wieder zugeben.

Die Nudeln unter die Schinken-Petersilien-Mischung heben und sofort servieren.

Spaghetti auf Köhlerart

1,2 kg Spaghetti
1 EL Öl
600 g durchwachsener Speck
30 g Butter
300 g Parmesan
Muskat
14 Eier
8 EL Schlagsahne
Salz, frisch gemahlener schwarzer Pfeffer

Zubereitungszeit: 25–30 min.

Spaghetti in Salzwasser mit Öl bissfest kochen.

Währenddessen den Speck würfeln und mit der Butter in einer großen Pfanne ausbraten.

Den Käse reiben und mit viel Pfeffer, Muskat, Eiern und Sahne verrühren.

In einer großen, vorgewärmten Schüssel die abgegossenen Nudeln mit den Speckwürfeln vermengen. Die Ei-Käse-Sauce unter die heißen Nudeln ziehen.

Zu den noch heißen Spaghetti schwarzen Pfeffer aus der Mühle reichen.

Rabiate Nudeln

100 g durchwachsener Speck
1–2 Zwiebeln
4 Knoblauchzehen
3 kleine Chilischoten
750 g geschälte Tomaten (1 gr. Dose)
1 Bund/Topf Basilikum
1,2 kg Rigatoni
200 g Parmesan
1 EL Öl
Salz

Zubereitungszeit: 25–30 min.

Den Speck würfeln. Zwiebeln und Knoblauchzehen abziehen und in kleine Würfel schneiden.

Den Speck in einer Pfanne ausbraten, Chilischoten, Zwiebel- und Knoblauchwürfel hinzugeben und mitdünsten.

Die Dosentomaten in der Dose kleinschneiden, mit der Flüssigkeit hineingeben und bei starker Hitze etwa 10 Minuten einkochen. Mit Salz abschmecken. Das Basilikum von den Stielen zupfen, die Blätter in Streifen schneiden und zu den Tomaten geben.

In der Zwischenzeit die Nudeln in Salzwasser mit Öl bissfest garen, abgießen, abtropfen lassen und warmhalten.

Den Parmesan reiben. Die Chilischoten aus der Sauce entfernen. Die Hälfte des Käses in die Speck-Tomaten-Mischung einrühren. Die Nudeln in einer vorgewärmten, großen Schüssel mit der Tomatensauce mischen und mit dem restlichen Käse sofort servieren.

Rigatoni mit Tomaten und Mozzarella

→ vegetarisch

1,5 kg Rigatoni
700 g Tomaten
1 Topf Basilikum
1 Bund Petersilie
375 g Mozzarella
150 ml Olivenöl
Salz, frisch gemahlener schwarzer Pfeffer

Zubereitungszeit: ca. 20 min.

Die Rigatoni in Salzwasser mit Öl bissfest garen.

Die frischen Tomaten waschen und in Würfel schneiden. Basilikum und Petersilie waschen und die Blättchen von den Stielen zupfen und fein hacken. Tomatenwürfel, gehackte Kräuter und Olivenöl verrühren und reichlich mit Salz und Pfeffer abschmecken.

Den Mozzarella in Würfel schneiden.

Vor dem Abgießen der Nudeln noch 1–2 Suppenkellen Nudelwasser unter die Tomaten rühren. Anschließend die Rigatoni mit Mozzarella und Tomaten vermengen und servieren.

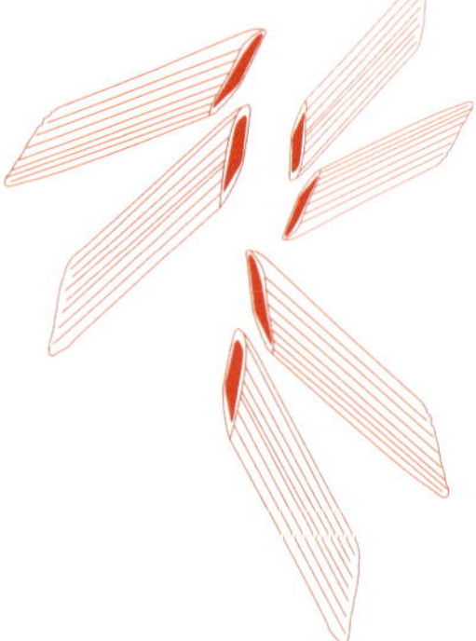

Risotto mit Erbsen und Speck

1–2 Zwiebeln
150 g durchwachsener Speck
150 g Butter
750 g Risottoreis, ersatzweise Langkornreis
1,5 l Instant-Fleischbrühe (am besten Hühnerbrühe)
2 Dosen Erbsen (600 g Abtropfgewicht)
1 Bund Petersilie
150 g Parmesan

Zubereitungszeit: ca. 30 min.

Die Zwiebeln abziehen und fein würfeln. Den Speck ebenfalls in feine Würfel schneiden. 100 g Butter in einem großen Topf oder einem großen Schmortopf erhitzen und Zwiebeln und Speck darin ausbraten. Den Reis hinzugeben und unter Rühren 5 Minuten mitbraten. Die Brühe erhitzen, angießen und den Reis zugedeckt bei schwacher Hitze 10 Minuten garen. Die Erbsen hineingeben, unterrühren und weitere 10 Minuten garen. Sollte die Flüssigkeit zu schnell verdampfen, Wasser angießen, denn das Gericht sollte relativ flüssig sein.

Die Petersilie waschen, trockenschütteln, die Blättchen von den Stielen zupfen, feinhacken und unter den Reis rühren. Zum Schluss die restliche Butter in kleinen Stücken auf dem Reis verteilen und den Risotto mit dem geriebenen Parmesan servieren.

Überbackener Gemüserisotto

→ vegetarisch

700 g Möhren
900 g Kohlrabi
150 g Butter
1 Dose Erbsen (300 g Abtropfgewicht)
1–2 Zwiebeln
750 g Risottoreis, ersatzweise Langkornreis
1,5 l Instant-Gemüsebrühe
1 Topf Basilikum
80 g Paniermehl
100 g Parmesankäse
3 EL Butter(flöckchen)
Salz, frisch gemahlener schwarzer Pfeffer und Zucker

Zubereitungszeit:
Vorbereitung ca. 45 min.,
Backzeit 10–13 min.

Möhren und Kohlrabi putzen, schälen und in feine Würfel schneiden. 100 g Butter in einem Topf erhitzen und das Gemüse mit 1 Prise Zucker und 2–3 EL Wasser zugedeckt etwa 5 Minuten garen, bis die Flüssigkeit verdampft ist. Die Erbsen dazugeben und unterrühren.

Die Zwiebeln abziehen und fein würfeln. Die restliche Butter in einem großen Topf erhitzen. Zwiebeln und Reis darin glasig dünsten. Die Brühe erhitzen und an den Reis gießen. Den Risotto offen bei mittlerer Hitze 25–30 Minuten garen. Dabei mehrmals umrühren. Eventuell mit Salz und Pfeffer abschmecken.

Den fertigen Risotto mit dem Gemüse vermengen. Das Basilikum von den Stielen zupfen, die Blätter in Streifen schneiden und unter den Reis heben. Den Gemüserisotto in eine Auflaufform füllen. Das Paniermehl mit dem geriebenen Parmesan vermengen und über den Auflauf streuen. Mit Butterflöckchen belegen und den Reisauflauf im Ofen 10-13 Minuten überbacken.

Achtung!
Den Backofen auf 220 Grad vorheizen. Gas Stufe 4. Backen auf der 2. Leiste von unten.

Aufläufe, Fisch- und Fleischgerichte

Vegetarische Moussaka

→ vegetarisch

Zubereitungszeit:
Vorbereitung ca. 30 min.,
Backzeit 10–15 min.

1,8 kg Kartoffelbrei zum Anrühren
2 Zwiebeln
1–2 Auberginen
10 Tomaten
2 rote Paprikaschoten
1 grüne Paprikaschote
2 Knoblauchzehen
6 EL Olivenöl
12 EL Paniermehl
2 EL gehackte Petersilie
Salz, frisch gemahlener schwarzer Pfeffer

Den Kartoffelbrei nach Anleitung zubereiten und auskühlen lassen.

Die Zwiebeln abziehen und fein würfeln. Aubergine, Tomaten und Paprikaschoten waschen, putzen und in Würfel schneiden. Die Knoblauchzehen abziehen.

Das Öl in einer großen Pfanne erhitzen und die Zwiebelwürfel darin dünsten. Nacheinander die Auberginen-, die Paprika- und die Tomatenstücke mitdünsten und mit Salz und Pfeffer abschmecken.

Einen Teil des Gemüses in eine Auflaufform schichten und mit dem Kartoffelbrei bedecken. Das restliche Gemüse darüber verteilen. Paniermehl und Petersilie miteinander vermischen und die abgezogenen Knoblauchzehen hineinpressen. Die Mischung mit etwas Olivenöl vermengen und über den Auflauf streuen. Die Moussaka im Ofen 10-15 Minuten überbacken.

Achtung!
Den Backofen auf 250 Grad vorheizen. Gas Stufe 4. Backen auf der 2. Leiste von unten.

Fisch-Kartoffel-Auflauf mit Petersilie

1 kg Kartoffeln
4 EL Olivenöl
6 Zwiebeln
2 Knoblauchzehen
800 g geschälte Tomaten (1 gr. Dose)
1 kg Rotbarschfilet (TK)
4 EL Zitronensaft
4 Bund Petersilie (ersatzweise 2 Päckchen TK-Petersilie)
300 g Mozzarella (2 Pakete)
Salz, frisch gemahlener weißer Pfeffer

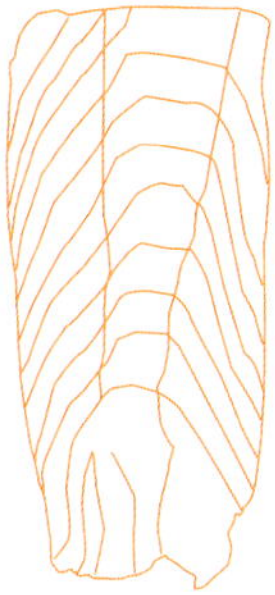

Zubereitungszeit:
Vorbereitung ca. 30 min.,
Backzeit 10–15 min.

Die Rotbarschfilets auftauen. Die Kartoffeln schälen, in Würfel schneiden und in kochendem Salzwasser 5–8 Minuten kochen, anschließend abgießen und beiseitestellen.
In der Zwischenzeit das Öl in einer Pfanne erhitzen. Die Zwiebeln und den Knoblauch abziehen, fein würfeln und im heißen Öl glasig dünsten.
Die geschälten Tomaten in der Dose mit einem langen Messer kleinschneiden und den Doseninhalt zu Zwiebeln und Knoblauch in die Pfanne geben. Die Flüssigkeit unbedeckt unter gelegentlichem Rühren etwas verkochen lassen.
Das aufgetaute Fischfilet gründlich unter kaltem Wasser abwaschen, mit Küchenpapier trockentupfen und in mundgerechte Stücke schneiden. Den Fisch mit dem Zitronensaft beträufeln, salzen und pfeffern.
Die Petersilienblätter von den Stielen zupfen, hacken und unter das Tomatenragout rühren. Mit Salz und Pfeffer abschmecken.
Die Kartoffelwürfel unter die Tomaten heben und die Masse auf zwei Auflaufformen verteilen.
Den Mozzarella aus der Lake herausnehmen, abtropfen lassen und in Würfel schneiden. Fisch- und Mozzarellawürfel über die Tomatenkartoffeln verteilen.
Den Fisch-Kartoffel-Auflauf ca. 20 Minuten im Backofen goldbraun backen.

Achtung!
Das Fischfilet rechtzeitig auftauen.
Den Backofen auf 200 Grad vorheizen. Gas Stufe 3. Backen auf der 2. Leiste von unten.

Hackfleischauflauf mit buntem Paprikagemüse

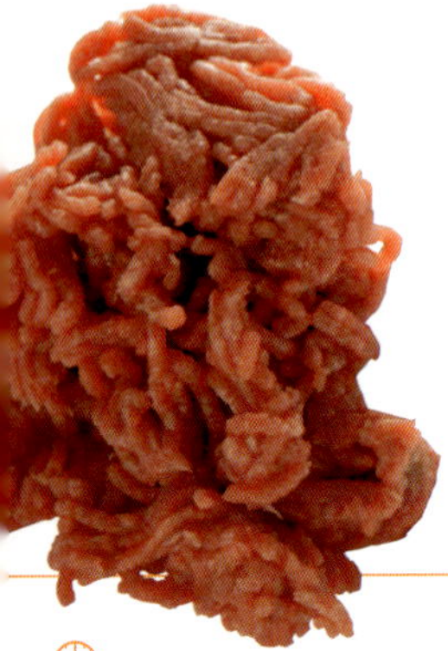

12 Paprikaschoten (rote, gelbe, grüne)
2 große oder 4 mittelgroße Zwiebeln
3 Knoblauchzehen
6 EL Olivenöl
2 kg Hackfleisch
300 g Tomatenmark
60 g Butter
4–6 EL Mehl
3/4 l Instant-Gemüsebrühe
600 g Sahneschmelzkäse
400 g geraspelter Käse
Paprikapulver edelsüß
Salz, frisch gemahlener schwarzer Pfeffer

Zubereitungszeit: Vorbereitung ca. 1 Std., Backen ca. 30 min.

Tipp:
Als Beilage eignet sich Reis oder warmes Baguettebrot.

Achtung!
Den Backofen für die Paprikaschoten auf 250 Grad vorheizen. Gas Stufe 5–6. Anschließend den Ofen auf 200 Grad, Gas Stufe 3, abkühlen lassen, den Auflauf auf der 2. Einschubleiste von unten backen.

Die roten und gelben Paprikaschoten waschen, vierteln und putzen. Die Viertel mit der Außenseite nach oben auf ein Backblech legen und im vorgeheizten Backofen bei 250 Grad (Gas 5–6) auf der obersten Einschubleiste so lange backen, bis die Haut Blasen wirft. Die Schoten herausnehmen und mit einem feuchten Tuch bedecken. Die grünen Paprikaschoten in der Zwischenzeit waschen, putzen und klein würfeln.
Die Zwiebeln und Knoblauchzehen abziehen und fein würfeln. Das Öl in einer Pfanne erhitzen und erst die Zwiebelwürfel unter Rühren glasig dünsten und kurz vor Schluss den Knoblauch dazugeben.
Hackfleisch und grüne Paprikawürfel zu Zwiebeln und Knoblauch geben und unter Rühren braten, bis das Fleisch zerfallen ist. Mit Paprikapulver, Salz, Pfeffer und Tomatenmark würzen.
In einem Topf die Butter auslassen und das Mehl einrühren. Die Brühe angießen und unter Rühren den Schmelzkäse und die Hälfte des geraspelten Käses hinzugeben und schmelzen lassen. Die Käsesauce mit Salz und Pfeffer würzen.
Die roten und gelben Paprikaviertel nun häuten und abwechselnd mit dem gebratenen Hackfleisch und der Käsesauce in 2 Auflaufformen schichten. Den restlichen Käse über die Aufläufe streuen. Den Hackfleischauflauf im vorgeheizten Ofen ca. 30 Minuten backen.

Lauch-Kartoffel-Auflauf

2,5 kg Kartoffeln
2 kg Lauch
750 g gekochter Schinken
120 g Butter
ca. 90 g Mehl
3/4 l Milch
3/4 l Instant-Fleischbrühe
400 g geraspelter Emmentaler
3 TL Kümmel
Salz, frisch gemahlener schwarzer Pfeffer

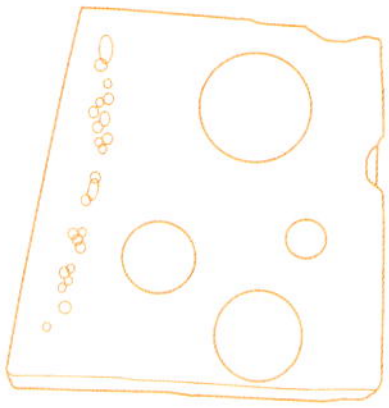

Zubereitungszeit: 30 min.

Die Kartoffeln schälen, in Scheiben schneiden und diese in kochendem Salzwasser 5–7 Minuten blanchieren.
In der Zwischenzeit den Lauch putzen, die trockenen Blattspitzen abschneiden und die Stangen in feine Ringe schneiden. Die Lauchringe gut waschen.
Die Kartoffelscheiben mit einem Schaumlöffel aus dem Salzwasser herausnehmen und in einer Schüssel beiseitestellen.
Die Lauchringe im Kartoffelwasser ca. 4 Minuten blanchieren.
Den Schinken in Würfel schneiden.
3/4 der Butter in einem Topf zerlassen, das Mehl einrühren und Milch und Brühe unter Rühren angießen. Den Käse einstreuen und unter Rühren bei geringer Hitze schmelzen lassen. Die Käsesauce mit Salz, Pfeffer und Kümmel würzen.
Zwei Auflaufformen mit der restlichen Butter ausstreichen. Die Kartoffelscheiben in beide Formen schichten, die Schinkenwürfel darüber verteilen und die Hälfte der Käsesauce darüber gießen. Die Lauchringe darauf schichten und mit der anderen Hälfte der Käsesauce bedecken.
Den Lauch-Kartoffel-Auflauf im vorgeheizten Ofen ca. 30 Minuten goldbraun backen.

Achtung!
Den Backofen auf 200 Grad vorheizen. Gas Stufe 3. Backen auf der 2. Einschubleiste von unten.

Überbackenes Lachsfilet mit Meerrettichhäubchen

3 Zwiebeln
10 EL Butter
1350 g Spinat (TK, 3 Pakete)
frisch geriebene Muskatnuss
Saft von 4 Zitronen
12 Lachsfilets, tiefgekühlt
3 Eigelb
6 EL Sahnemeerrettich
Paniermehl
5 EL Olivenöl
6 EL frischer gehackter Dill
Salz, frisch gemahlener schwarzer Pfeffer

Zubereitungszeit: ca. 35 min.

Die Zwiebeln abziehen, hacken und in einem großen Topf in der Hälfte der ausgelassenen Butter glasig dünsten. Den gefrorenen Spinat auf die Zwiebeln legen und zugedeckt bei geringer Hitze auftauen lassen. Zum Schluss mit Muskat, Pfeffer, Salz und einem Spritzer Zitrone abschmecken und nochmals kurz erhitzen.

Während der Spinat im Topf auftaut, den Lachs mit Zitronensaft beträufeln, salzen, pfeffern und etwas Muskat darüberreiben. In einer bzw. zwei großen Pfannen die restliche Butter auslassen und die Fischfilets kurz von beiden Seiten anbraten.

Eigelb, Sahnemeerrettich und Paniermehl zu einem Teig verrühren, mit Salz und Pfeffer abschmecken und auf die Lachsfilets streichen.

Ein Backblech mit dem Olivenöl fetten, die Lachsfilets darauf verteilen und im vorgeheizten Ofen etwa 5 Minuten überbacken lassen. Den frisch gehackten Dill über die Lachsmedaillons streuen und zusammen mit dem Spinat servieren.

Tipp:
Dazu können warmes Baguettebrot oder auch Salzkartoffeln gereicht werden.

Achtung!
Den Lachs rechtzeitig auftauen.
Den Backofen auf 200 Grad vorheizen. Gas Stufe 3. Backen auf der 2. Leiste von unten.

Rotbarsch in Tomaten-Paprika-Ratatouille

1,5 kg Rotbarschfilet (TK)
Saft von 4 Zitronen
9 Paprikaschoten (rote, gelbe, grüne)
3 Zwiebeln
3 Knoblauchzehen
4 EL Butter
800 g geschälte Tomaten (1 gr. Dose)
3/4 l Rotwein
4 EL *getrockneter, gerebelter Thymian*
4 EL Tomatenmark
Salz, frisch gemahlener schwarzer Pfeffer
12 EL Saure Sahne zum Garnieren

Zubereitungszeit: ca. 1 Std.

Den Fisch waschen, salzen, mit Zitronensaft beträufeln und in Würfel schneiden.

Die Paprikaschoten waschen, halbieren, entkernen und würfeln. Zwiebeln und Knoblauchzehe abziehen, hacken und in einem großen Topf in der ausgelassenen Butter glasig dünsten, dann die Paprikawürfel zusammen mit Zwiebeln und Knoblauch etwa 10 Minuten schmoren lassen.

Die geschälten Tomaten noch in der Dose mit einem langen Messer zerschneiden und zusammen mit dem Rotwein zum Paprikagemüse geben. Mit Thymian, Salz und Pfeffer abschmecken. Das Tomatenmark unterrühren.

Die Fischwürfel in die Sauce legen und 10 Minuten bei mittlerer Hitze ziehen lassen.

Den Rotbarsch-Gemüse-Topf auf jedem Teller mit einem Löffel Saurer Sahne garnieren und servieren.

Tipp:
Reichen Sie Baguette, Kräuterbaguette oder Reis dazu.

Achtung!
Den Rotbarsch rechtzeitig auftauen.

Coq au Vin

4–5 kg Hähnchen,
ersatzweise 12 Hühnerschlegel und 6–8 Hühnerbrüste
etwas Mehl zum Wälzen der Hähnchenteile
200 ml Olivenöl
15 Frühlingszwiebeln, ersatzweise 8 kleine Zwiebeln
8 Knoblauchzehen
500 g Champignons
500 g Speckwürfel
1–2 Flaschen trockener Rotwein (derselbe, der zum Essen getrunken wird)
2 Handvoll frischer gehackter Thymian (ersatzweise gerebelter)
2 Handvoll frischer gehackter Rosmarin (ersatzweise gerebelter)
1 Handvoll frischer gehackter Kerbel (ersatzweise gerebelter)
1 Bund frische gehackte Petersilie
6 Lorbeerblätter
1 Becher Crème fraîche
100 g Butter
Salz, frisch gemahlener schwarzer Pfeffer

Zubereitungszeit:
Vorbereitung ca. 1 Std.,
Garzeit ca. 1,5 Std.

Die Hähnchen in große Stücke (Schlegel und Brüste) teilen, gründlich waschen, salzen und pfeffern. Die Hähnchenteile in Mehl wälzen.

Das Öl in einem großen Bräter erhitzen und darin geschälte Frühlingszwiebeln und Knoblauchzehen im Ganzen zusammen mit den geputzten und halbierten Champignons und den Speckwürfeln anbraten. Anschließend alles mit einem Schaumlöffel wieder herausnehmen und beiseite stellen.

Die gemehlten Geflügelteile nun bei großer Hitze im Bräter rundherum anbraten und mit dem Rotwein ablöschen. (Bei der Menge des Fleisches reicht u. U. eine Flasche Wein, je nach Größe des Bräters.) Speck, Frühlingszwiebeln, Knoblauch, Champignons und sämtliche Kräuter zum Fleisch geben. Im vorgeheizten Backofen werden die Coqs au vin bei 150 Grad ca. 1,5 Stunden geschmort. Nach dem Garen die Hähnchenteile herausnehmen, Crème fraîche und Butter unter die Sauce ziehen, die Hähnchenteile wieder hineinlegen und mit Baguette oder Salzkartoffeln servieren.

Achtung!
Den Backofen auf 150 Grad vorheizen. Gas Stufe 2. Backen auf der 2. Leiste von unten.

Schweinefilet mit Nussfüllung

300 g Walnuss- oder Haselnusskerne
3 Eier
9 TL Senf
2,5 kg frisches Schweinefilet im Ganzen
Sonnenblumenöl
3 Becher Crème fraîche
Salz, frisch gemahlener schwarzer Pfeffer

Zubereitungszeit: ca. 45 min.

Die Walnuss- oder Haselnusskerne fein hacken und die Hälfte der Nüsse mit Eiweiß, 4 EL Senf und Pfeffer vermengen.

Das Filet unter fließendem Wasser abspülen und auf Küchenkrepp trocknen. Anschließend seitlich zwei Drittel tief einschneiden, innen salzen und pfeffern und mit der Nusspaste füllen.

Das Fleisch mit Rouladennadeln oder Kochbindfaden schließen. Das Öl erhitzen und die Filets kurz rundherum scharf anbraten.

Die Crème fraîche und den restlichen Senf in die Fleischpfanne rühren und die Filets zugedeckt bei geringer Hitze 15 Minuten ziehen lassen.

Das Fleisch herausnehmen und in Folie wickeln.

Die Sauce mit Salz und Pfeffer abschmecken und die andere Hälfte der gehackten Nüsse unterheben. Das Schweinefilet in Scheiben schneiden und auf einem Saucenspiegel anrichten.

Tipp:
Reichen Sie als Beilage Salzkartoffeln.

Gefüllte Hähnchenbrust mit Zitrone

6 Bund glatte Petersilie
4 Knoblauchzehen
4 Zitronen (möglichst unbehandelt)
12 Hähnchenbrustfilets
12 Scheiben Bacon
1,5 kg festkochende Kartoffeln
8 EL Öl
2 *Zweige* Rosmarin
Salz, frisch gemahlener schwarzer Pfeffer

Zubereitungszeit:
Vorbereitungszeit 25–30 min.,
Backzeit 25–30 min.

Die Petersilie waschen, trockenschütteln und hacken. Den Knoblauch abziehen und die Zehen durch eine Presse zu der gehackten Petersilie drücken. 2 Zitronen abreiben und auspressen. Schalen und Saft unter die Petersilien-Knoblauch-Mischung mengen.

Die Hähnchenbrustfilets waschen, trockentupfen und jeweils seitlich eine Tasche hineinschneiden. Das Fleisch mit Salz und Pfeffer innen und außen einreiben. Die Filets ebenfalls von allen Seiten mit der Petersilienmasse bestreichen und mit den Baconscheiben umwickeln.

In der Zwischenzeit die Kartoffeln gar kochen und in größere Würfel schneiden.

Hühnerfilets und Kartoffelwürfel in einer Auflaufform verteilen. Die restlichen Zitronen waschen, trockenreiben, in Scheiben schneiden und zwischen die Kartoffeln und Hühnerfilets stecken. Das Öl darüber träufeln und die Rosmarinzweige auflegen.

25–30 Minuten im Ofen überbacken.

Achtung!
Den Backofen auf 225 Grad vorheizen. Gas Stufe 4. Backen auf der 2. Leiste von unten.

Desserts

Gratinierte Pfirsiche mit Amaretto-Zabaione

Für die Pfirsiche
24 kleine Pfirsiche
2 Limetten (möglichst unbehandelte)
Zucker nach Geschmack

Für die Zabaione
4 Eigelb
2 Eier
8 cl Amaretto
100 g Zucker

Zubereitungszeit: ca. 25 min.

Die Pfirsiche waschen, abtrocknen, halbieren und die Steine herauslösen. Die Limetten fein abreiben, dann auspressen.

Die Pfirsiche mit der Höhlung nach oben auf eine hitzebeständige Platte legen, mit dem Limettensaft beträufeln und nach Geschmack mit Zucker bestreuen. Im Backofen 5 Minuten erhitzen.

Inzwischen Eigelb und Eier mit Amaretto und Zucker in einer Metallschüssel über einem heißen Wasserbad bis kurz vor dem Siedepunkt schaumig-cremig aufschlagen. Die Hälfte der Limettenschale unterrühren.

Die Pfirsiche auf Portionstellern anrichten, mit der Zabaione begießen und mit der restlichen Limettenschale garnieren und servieren.

Beerencocktail mit Vanilleeis

1,2 kg gemischte Waldbeeren (TK)
60 g abgezogene Pistazienkerne
450 g Sahnejoghurt
3 EL Zucker
6 EL Zitronensaft
625 ml Schlagsahne
600 ml Vanilleeis

Zubereitungszeit: ca. 20 min.

Von den aufgetauten Beeren ein Drittel fürs Garnieren beiseite legen. 40 g Pistazienkerne mit dem Schneidstab pürieren.

Den größeren Teil der Beeren mit Joghurt, Zucker, Zitronensaft und pürierten Pistazien mit dem Rührgerät mixen und kaltstellen.

Die restlichen Pistazienkerne hacken. Die Sahne steif schlagen und unter die Beerencreme ziehen. Die Hälfte der Creme in Portionsgläser geben, je eine Eiskugel darauf setzen und mit der restlichen Creme halb bedecken. Die restlichen Beeren und Pistazien darüber streuen und den Beerencocktail sofort servieren.

Achtung!
Die tiefgekühlten Beeren rechtzeitig auftauen lassen.

Obstsalat mit Joghurtdip

6–8 Äpfel
12 Mandarinen, ersatzweise 6 süße Orangen
1 frische Ananas, ersatzweise 1 Dose Ananasringe
12 EL gehackte Mandeln
12 EL Naturjoghurt (3,5 % Fett)

Zubereitungszeit: ca. 45 min.

Die Äpfel schälen, entkernen, in schmale Schnitze schneiden und diese wiederum in kleine Würfel. Die Mandarinen bzw. Apfelsinen in mundgerechte Stücke schneiden. Ananas in Stücke schneiden. Alle Früchte in einer großen Schüssel vorsichtig vermengen. Die Mandeln mit heißem Wasser überbrühen, kurz einweichen lassen, aus ihrer Haut drücken und hacken. Den Obstsalat auf Dessertschalen verteilen, mit je einem Löffel Joghurt garnieren und mit den gehackten Mandeln bestreut servieren.

Waldbeerencrumble

Für die Streusel
450 g Mehl
230 g Butter
150 g Zucker
1 Prise Salz

Für die Früchte
900 g Waldbeeren oder anderes Obst der Saison, ersatzweise auch tiefgekühltes
6 EL Zucker

Zubereitungszeit: ca. 45 min.

Die Zutaten für die Streusel so lange vermengen, bis ein krümeliger Teig entsteht.

Frische Früchte waschen und putzen, tiefgekühlte Früchte auftauen und abtropfen lassen. Die Früchte in einer flachen Auflaufform verteilen, mit Zucker und Streuseln gleichmäßig bedecken. Die Auflaufform vorsichtig rütteln und im vorgeheizten Ofen bei 200 Grad etwa 30 Minuten backen, bis die Streusel goldbraun sind.

Tipp:
Dazu kann Vanilleeis oder Schlagsahne gereicht werden.

Achtung!
Tiefgekühlte Früchte müssen rechtzeitig auftauen.

Mousse au chocolat

300 g Vollmilchschokolade
300 g Zartbitterschokolade
10 Eier
4 EL Cognac
2 TL Instant-Kaffee
500 ml Schlagsahne

Zubereitungszeit:
Vorbereitung ca. 1 Std.,
Kühlzeit mindestens 2 Std.

Die Schokolade in Stücke brechen, im warmen Wasserbad schmelzen und unter gelegentlichem Rühren etwas abkühlen lassen.

Die Eier trennen und das Eiweiß zu steifem Schnee schlagen und kaltstellen. Das Eigelb mit dem Handrührgerät schaumig schlagen.

Den Instant-Kaffee im Cognac auflösen.

Die Sahne steif schlagen.

Das Eigelb schaumig schlagen und den aufgelösten Kaffee und die flüssige Schokolade unterrühren. Eischnee und Sahne in eine große Schüssel geben und die Schokoladenmasse bei niedriger Rührstufe vorsichtig mit dem Handrührgerät untermengen, bis die Masse gleichmäßig braun ist.

Die Mousse au chocolat vor dem Servieren einige Stunden kaltstellen.

Zitronenjoghurt mit Waldbeeren

750 g Waldbeeren, tiefgekühlt
6 Zitronen, möglichst unbehandelt
375 g Puderzucker
1 kg Sahnejoghurt
3 Zweige frische Minze

Zubereitungszeit: 10 min.

Die aufgetauten Waldbeeren in eine große Schüssel geben. Die Schale der Zitronen in eine kleine Schüssel reiben und zugedeckt beiseite stellen.

Den Saft der Zitronen auspressen und in eine weitere Schüssel gießen. Den Puderzucker in den Zitronensaft sieben und den Joghurt hineinrühren. Die Schale der Zitronen unterrühren. Den Zitronenjoghurt im Kühlschrank durchkühlen lassen.

Die Minzeblättchen in feine Streifen schneiden, in den eiskalten Zitronenjoghurt rühren und diesen schaumig schlagen.

Die Waldbeeren auf Dessertschälchen verteilen, den Joghurtschaum über die Beeren geben und servieren.

Achtung!
Die tiefgekühlten Waldbeeren rechtzeitig auftauen.